人工知能

最強に面白い!!

ニュートン式 超図解

ディープラーニング 編

はじめに

　「人工知能（Artificial Intelligence：AI）」が，ものすごい勢いで社会に進出しています。病気の診断や車の運転，さらには企業の採用活動にまで人工知能が活用されつつあります。私たちの生活は，人工知能の発展によって，今まさに大きくかわろうとしているのです。

　人工知能の研究がはじまったのは，1950年代のことです。その道のりは決して平坦なものではなく，2度のブームと衰退をくりかえしてきました。そして今，2度目の"冬の時代"を乗りこえ，ようやく人工知能の研究が本格的に花開きました。その立役者が，革新的技術「ディープラーニング」です。人工知能は，ディープラーニングによって，人間にも匹敵するような判断能力を手に入れたのです。

　本書では，人工知能の飛躍をもたらしたディープラーニングの基本的なしくみから，人工知能の未来までを"最強に"面白く紹介しています。どうぞお楽しみ下さい！

ニュートン式 超図解 最強に面白い!!
人工知能 ディープラーニング編

1. これが人工知能だ！

- ① 人工知能とは，人間の知能をまねたもの……………10
- ② 人工知能には，四つのレベルがある……………12
- ③ 人工知能は，こうしてはじまった！……………14
- ④ 人工知能は，こうして進化した！①……………16
- ⑤ 人工知能は，こうして進化した！②……………18
- ⑥ 人工知能は，「機械学習」で賢くなる……………20
- ⑦ 人工知能の得意なこと，苦手なこと……………22
- コラム 人工知能が小説を執筆！……………24
- コラム 4900万円の絵をえがいた！……………26

2. 深層学習「ディープラーニング」

1 「ディープラーニング」は，人工知能を賢くする技術！ 30

2 コンピューターは，"見た"画像を数値化する 32

3 数字の羅列から，「特徴」を探しだす 34

コラム 顔のどこを見て個人を判別？ 36

4 人は，眼で見た物を，脳でバラバラにする 38

5 バラバラにした情報を，まとめあげる 40

6 学習によって，神経回路は変化する 42

コラム 脳の10％しか使っていない？ 44

7 画像をバラバラにするのが，画像認識の第一歩 46

8 脳と同じしくみを利用した，ディープラーニング 48

9 信号の「重み」をかえて，賢くなる① 50

10 信号の「重み」をかえて，賢くなる② 52

コラム 人工知能も錯視図形にだまされる 54

11 インターネットが，人工知能を進化させた 56

12 最強の囲碁AI誕生！ 58

コラム 博士！ 教えて‼ 将棋AIはすべての手を読める？ 60

コラム 歴史的勝利をおさめたチェスAI 62

4コマ コンピューターの父 64

4コマ エニグマを解読！ 65

3. 社会に進出する人工知能

自動翻訳
- 1　ディープラーニングで，翻訳精度が大幅アップ！ ……………68
- 2　自動翻訳では，単語を数値に変換する …………70
- 3　人工知能は，行間を読めない …………72
- コラム　50％の言語が，消滅の危機 …………74

自動運転
- 4　自動運転車は，六つのレベルに分けられる …………76
- 5　運転の3要素，「認識」「判断」「操作」…………78
- 6　周囲の状況を知る，2種類の方法 …………80
- 7　自動運転車は，渋滞しない!? …………82
- コラム　世界初の自動車は，蒸気自動車 …………84

医療支援
- 8　人工知能で，がんをみつけだせ！ …………86
- 9　内視鏡検査で，大腸ポリープを発見 …………88
- 10　人工知能が，新薬候補を探しだす …………90
- コラム　ゴキブリは薬だった！ …………92

セキュリティとプライバシー

11 人工知能がだまされても，人は気づけない 94

12 人工知能に求められる公平性 96

13 データの利用が，プライバシーの侵害につながる 98

14 人工知能にどのような「倫理観」をもたせるべき？..............100

4コマ AIの名づけ親 102

4コマ チェスAIで対戦 103

4. 人工知能の未来

1 人工知能の進化を予測する① 106

2 人工知能の進化を予測する② 108

コラム 博士！ 教えて!!　人工知能が惑星を発見！ 110

3 夢の「汎用人工知能」をつくりだせ！① 112

4 夢の「汎用人工知能」をつくりだせ！② 114

5 人工知能の進化で，「シンギュラリティ」が到来!?..............116

6 一番手の人工知能が，世界を支配する!? 118

7 人間にしかできない仕事はない!? 120

8 人は人工知能の暴走を止められない!? 122

4コマ ディープラーニングの開発者 124

4コマ 大工からAIの道へ 125

1. これが
人工知能だ！

人工知能がすさまじい勢いで進化しており，私たちのまわりに
急速に普及してきています。第1章では，人工知能とはどうい
うものなのか，そして，どのように発展してきたのかを紹介し
ます。

1 人工知能とは，人間の知能をまねたもの

人工知能という言葉に，明確な定義はない

　今や「人工知能（Artificial Intelligence：AI）」は，ロボット掃除機からスマートフォンの音声認識アシスタント，将棋・囲碁ソフトや車の自動運転に至るまで，さまざまな製品に搭載され，私たちの生活になくてはならない存在となってきています。
　人工知能とは，人間の知能をコンピューター上で実現しようとする技術や研究のことを指します。ただし，人工知能という言葉に明確な定義はありません。どういう基準を満たせば人工知能とよべるのか，はっきりと決まっているわけではないのです。

人工知能は，人の「脳」にあたるもの

　人工知能と聞くと，「ロボット」を思い浮かべる人もいるかもしれません。しかし，人工知能とは，本来，人の「脳」にあたるもので，必ずしも身体が必要なわけではありません。**人工知能の実体は，知能をもっているかのように，"賢く"ふるまうようプログラムされた，コンピューターのことだといえます。**

1. これが人工知能だ！

人の知能を人工的に実現

人工知能とは，人間の知能をコンピューター上で実現しようとする技術や研究のことをいいます。ここでは，ロボットとしてえがいていますが，必ずしも身体が必要な訳ではありません。

人工知能

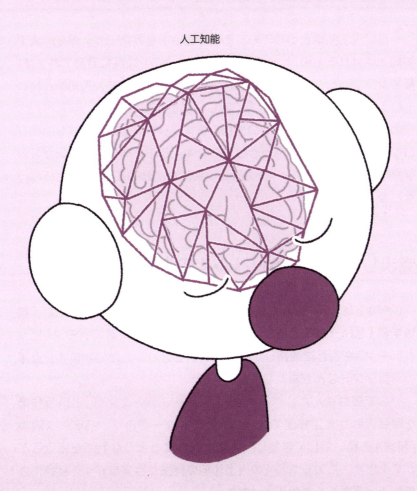

2 人工知能には，四つのレベルがある

人工知能の中身は，千差万別

　一口に人工知能といっても，その中身は千差万別です。**現在，人工知能とよばれるものは，大きくレベル1～4の4段階に分類できます。**最もシンプルなレベル1は，単純な制御プログラムを人工知能と称しているものです。部屋の状況に応じて風量を調節するエアコンなど，決められたルールに従うものを指します。レベル2は，単純な制御プログラムを数多く組み合わせたものです。ふるまいのパターンが多彩な掃除ロボットや，チャットボット（会話を自動的に行うプログラム）などがあたります。

目覚ましく発展するレベル4の人工知能

　レベル3は，データをもとにルールや知識をみずから学習する，「機械学習」という技術を取り入れた人工知能です。大量のデータ（ビッグデータ）をもとに成長し，高度な判断を行うことができます。近年の将棋ソフトなどがあたります。

　そして最も進んだレベル4は，「ディープラーニング」という技術を取り入れた人工知能です。コンピューターがみずからデータ内の「特徴」を見いだして学習し，人間に匹敵するような判断を行うことができます。**このレベル4の人工知能の発展が目覚ましく，社会に大きなインパクトをあたえています。**

1. これが人工知能だ！

人工知能を4段階に分類

「人工知能」とよばれるものの中には，単純な制御プログラムから，人間に匹敵するような判断を行うものまで，さまざまなレベルがあります。現在，人工知能というと，一般には，レベル3や4のものを指すことが多いようです。

レベル1

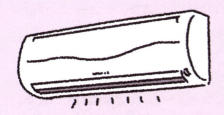

スマート家電

レベル2

お掃除ロボット

レベル3

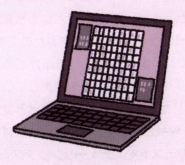

将棋ソフト

レベル4

自動運転

3 人工知能は、こうしてはじまった！

コンピューターの原型が生まれた

　ここからは，人工知能の歴史をみていきましょう。現在の人工知能につながる概念を最初に用いたのは，イギリスの数学者，アラン・チューリング（1912 ～ 1954）だといわれています。チューリングは，大学在学中の1936年，計算を自動で行う仮想的な機械を考案しました。この機械はのちに「チューリング・マシン」とよばれます。チューリング・マシンこそ，現在のコンピューターの原型といえるものです。そのため，チューリングは「コンピューターの父」とよばれています。

人工知能かどうかを判定する方法を考案

　さらにチューリングは，1947年のロンドンの学会で，知性をもった機械についての発表を行いました。まだ「人工知能」という言葉は存在しませんでしたが，人工知能の概念がこのとき提唱されたのです。
　そして1950年に発表した論文では，機械に知性があるかどうか（人工知能かどうか）を判定する，次のようなテストを考案しています。まず，判定者（人）が，隔てられた場所にいる人間と機械と文字で対話をします。そして，どちらが機械か判断できなければ，機械に知性があると判断するのです。このテストを「チューリングテスト」といいます。このテストは非常に有名なものとなりました。ただし，現在の人工知能を定義する，一般的な方法というわけではありません。

チューリングテスト

人の判定者が，隔離された場所にいる人と機械と，文字で対話をします。どちらが人でどちらが機械か見分けがつかなければ，機械に知性があると判断されます。

対話　　対話

判定者

私は，チューリングテストを使えば，機械に知性があるかどうか判定できると考えました。

アラン・チューリング
（1912〜1954）

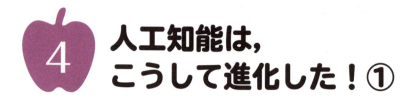

4 人工知能は, こうして進化した！①

「人工知能」という言葉が登場

　人工知能が学問分野として確立されたのは，1956年に行われた研究集会「ダートマス会議」からだといわれています。それまで複雑な計算などに使われていたコンピューターを，私たちの脳のような「思考」に使おうという提案がされたのです。このときに，主催者の一人であるジョン・マッカーシーが，はじめて「人工知能（Artificial Intelligence）」という言葉を用いました。

1950年代後半に第一次ブームが到来

　研究集会では，数学の基本的な条件を組み合わせて，基礎的な定理を証明するプログラムが発表されました。これが，世界ではじめての人工知能だといわれています。

　その後，このプログラムをお手本に，選択パターンを場合分けしてパズルや迷路を解くような人工知能が数多く開発されました（右のイラスト）。こうして，人工知能の第一次ブームが，1950年代後半に到来したのです。しかし当時は，コンピューターの性能が低く，単純なプログラムしかあつかうことができませんでした。また，迷路のように，ルールとゴールが厳密に決まっている問題しかあつかえず，現実の社会現象や経済活動に活かせるものではないことから，次第にすたれていき，第一次ブームは10年足らずで終わりをむかえました。

1. これが人工知能だ！

場合分けで問題を解く

第一次ブームでは，迷路の分岐を場合分けし，ゴールへのルートをみつけだすような人工知能が開発されました。このようなタイプは，推論・探索型人工知能とよばれました。

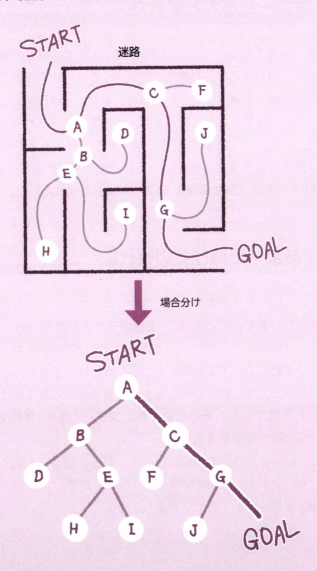

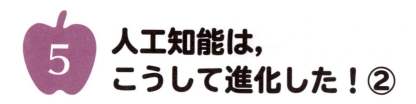

5 人工知能は、こうして進化した！②

第二次ブームがおとずれた

　第一次人工知能ブームの終了後、20年あまり研究の停滞期がつづきます。いわゆる「冬の時代」です。しかし、その間にコンピューターの性能は、飛躍的に向上しました。やがて、専門家のもつ膨大な知識やルールを覚えさせた実用的な人工知能が開発されるようになりました。たとえば、医療の分野では、質問に答えると診断を下し、適切な抗生物質を提案するプログラムが開発されたのです。こうして、1980年代に人工知能の第二次ブームがおとずれました。

10年あまりで再び冬の時代に

　ブームは、さまざまな分野に広がりました。しかし、新たな課題につきあたります。たとえば、「お腹がチクチク痛む」といった場合に、お腹とは何なのか、チクチクとはどのような痛みなのか、それらを一つ一つ定義して、人工知能にあたえなければなりません。しかし、そのような膨大な知識やルールをすべて言語化して覚えさせるのは、きわめて困難でした。そのため、第二次ブームも10年ほどで終わり、再び冬の時代をむかえます。

　この2度目の冬の時代を終わらせ、現在までつづく第三次ブームをもたらしたのが、「機械学習」という技術です。次のページでは、この機械学習についてみていきましょう。

あたえた知識しかわからない

第二次ブームのころの人工知能は，人があたえた知識やルールの外の問題に対応することはできませんでした。たとえば，お腹がチクチク痛むといった場合，チクチクとはどういう痛みなのか，定義して人工知能にあたえておく必要があったのです。

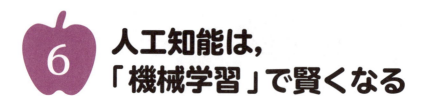

人工知能は，「機械学習」で賢くなる

人工知能がみずから学習

　第二次ブームまでは，人工知能に人が知識をつめこんだり，ルールをあたえたりすることで，知能を再現しようとしてきました。しかし，壁にぶつかりました。そこで，2000年代から現在までつづく第三次ブームでは，人工知能にみずから学習させることで，賢いふるまいを実現しようとしています。この人工知能にみずから学習させる技術を，「機械学習」といいます。今話題のディープラーニングも，この機械学習の一つなのです。

学習したルールを使って，判断や推測を行う

　人工知能に学習をさせるためには，まず，大量のデータを人工知能にあたえます。すると，そのデータから，ルールや法則を人工知能が自分でみつけだします。そうして，学習を終えた人工知能に新たなデータをあたえると，学習したルールを使って，みずから判断や推測を行います。

　たとえば，ミカンとバナナを分類するように，たくさんの画像データをあたえられた人工知能は，自分でミカンとバナナの特徴を覚えます。そして，新たな画像をあたえると，その画像がミカンなのか，バナナなのかを推測できるようになるのです。もっとも進んだ機械学習であるディープラーニングのしくみは，第2章でくわしく解説します。

1. これが人工知能だ！

人工知能がみずから学習

機械学習によって，人工知能はみずから学習し，ルールや法則を獲得できるようになりました。人がすべてのルールを言語化して，人工知能にあたえる必要がなくなったのです。

21

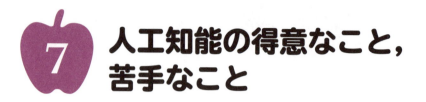

7 人工知能の得意なこと，苦手なこと

人工知能は万能ではない

　人工知能と聞くと，「万能なもの」という印象をもつ人もいるかもしれません。しかし実際には，現在の人工知能には得意なことと，不得意なことがあります。まず，現在の人工知能が得意なことには，データやルールにもとづく判断，計算，記憶，音声・画像認識などが挙げられます。

　たとえば，医療分野では，人工知能を使った画像診断の研究が進められています。人間の医師には検出がむずかしいがんを，人工知能なら検出できるようになると期待されています。

相手の気持ちを思いやることができない

　一方，人工知能が不得意とするところは，会話の流れや相手の気持ちを読むことや，直感，ひらめきが求められる分野です。同じ医療分野を例にすると，患者が医師に求めているのは病気を治してもらうことだけではありません。「とにかく話を聞いてほしい」「不安を和らげてほしい」といった要望にこたえるのも重要な役割です。しかし，現在の人工知能には，相手の気持ちをくみ取って，思いやるといったことはできないのです。

人の気持ちがわからない

人工知能は万能ではなく，得意不得意があります。現在の人工知能は，相手の気持ちを思いやったり，会話の流れを読んだりすることが得意ではありません。

人工知能が小説を執筆！

2016年3月，短編小説を対象とした文学賞「星新一賞」の一次審査を，人工知能が書いた小説が通過したというニュースが話題となりました。小説名は，『コンピュータが小説を書く日』。コンピューターが自らの意思で小説を書きはじめ，その楽しさに目覚めるという内容です。

　小説を人工知能に書かせるプロジェクトを進めたのは，公立はこだて未来大学の松原仁博士の研究チームです。小説をつくる際にはまず，人があらすじを考えました。そしてそのあらすじをもとに，人工知能が各文に使う言葉を選び，それをつなぎあわせて小説を完成させたのです。人工知能が生みだしたあとの文章は，人の手を加えることなく，星新一賞に応募されました。

　この小説は，人間と人工知能の共同作業だったともいえます。しかし将来，あらすじも含めたすべての執筆作業をになう"人工知能作家"が，あらわれるのかもしれません。

4900万円の絵をえがいた！

　2018年10月25日，人工知能のえがいた絵が，アメリカのニューヨーク州の有名なオークション「クリスティーズ」で，43万2500ドル（約4900万円）というおどろきの価格で落札され，注目を浴びました。その絵は男性の肖像画で，フランスのパリを拠点とするアーティスト集団「OBVIOUS」の作品です。

　制作にあたり，人工知能に14世紀〜20世紀の肖像画，約1万5000点のデータがあたえられました。人工知能はそのデータから学習して，落札された肖像画を生みだしました。人工知能がえがいた絵画が，大手のオークションで落札されたのは，はじめてのことだったといいます。

　ただし人工知能のプログラムは，OBVIOUSがゼロからつくったものではなく，当時19歳の青年がインターネット上に無償で公開していたソフトウェアの一部を変更したものでした。そのため，著作権などの面でも物議をかもしました。

2. 深層学習 「ディープラーニング」

人工知能の急速な発展をもたらしたのが，人間の脳のしくみを模した「ディープラーニング」という技術です。第2章では，ディープラーニングのしくみを，画像認識を通して紹介していきます。

1 「ディープラーニング」は，人工知能を賢くする技術！

人工知能の飛躍をもたらした革新的な技術

　現在の人工知能の大きな飛躍をもたらしたのが，「ディープラーニング」です。ディープラーニングとは，機械学習の一つで，人工知能にみずから学習をさせるための革新的な技術です。日本語では，「深層学習」と訳されます。ここからは，自動運転や医療診断に欠かせない「画像認識」を通じて，ディープラーニングのしくみをみていきましょう。

ディープラーニングで特徴をみつけだす

　たとえばイチゴが目の前にあるとき，私たちの脳内では，「表面につぶつぶがある」「丸みをおびた三角の形状をしている」といったイチゴの特徴を無意識のうちに抽出し，それらを統合することでイチゴだと認識していると考えられています。一方でコンピューターは，人間のように簡単にイチゴの特徴をとらえることはできません。
　人工知能にものを認識させるためには，以前は人間がものの特徴を一つ一つ教える必要がありました。しかし，そのような特徴を完全に言語化するのは不可能です。そのため，精度よくものを認識できる人工知能を開発することは困難でした。
　しかし今，ディープラーニングによって，人工知能がイチゴの特徴を，みずから学習して獲得することができるようになったのです。

イチゴの認識はむずかしい

コンピューターは，人間のように簡単にイチゴを認識することはできません。しかし，ディープラーニングを搭載した人工知能は，人間のようにイチゴの特徴を抽出し，イチゴを認識することができます。

2 コンピューターは，"見た"画像を数値化する

画像は，非常に細かい画素に分けられる

　人工知能は，どのようにして，画像の中のイチゴを認識するのでしょうか。まずは，画像認識の一連の流れを追ってみましょう。

　まず，人工知能にイチゴの画像を取りこませます。取りこまれたイチゴの画像は，非常に細かい画素（ピクセル）に分けられます。そして，それぞれの画素が，画像のどこに位置するのかといった「位置情報」と，その画素は何色なのかといった「色情報」をもつ数値としてあつかわれます。

画像は，数字の羅列にすぎない

　各画素の色情報は，カラー画像の場合，赤色（R），緑色（G），青色（B）の明るさの数値であらわされます。たとえば「R255・G255・B255」であれば白色，「R0・G0・B0」であれば黒色をあらわします。イチゴの画像もコンピューターの中では，ただの数字の羅列にすぎないのです。

2. 深層学習「ディープラーニング」

画像を数値化する

人工知能は，画像を取りこむと，非常にこまかい画素（ピクセル）に分け，色や明るさの数値データとしてあらわします。イラストは，35ページにつづきます。

イチゴ

1. 人工知能に画像を取りこませます。

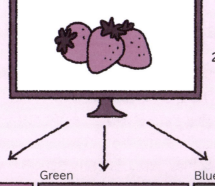

2. 画像は，非常に細かい画素（ピクセル）からなります。この画素には，赤色（Red），緑色（Green），青色（Blue）の明るさが数値データとして含まれています。

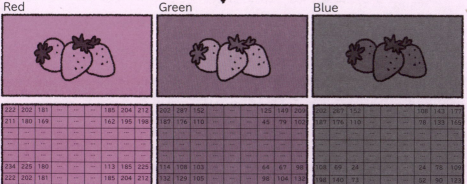

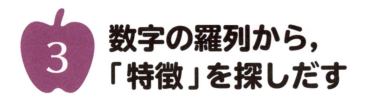

数字の羅列から，「特徴」を探しだす

ディープラーニングが特徴を抽出

　イチゴの画像は，コンピューター上で，数字の羅列に変換されます。しかし画像が数字になったとしても，特別なシステム抜きでは，簡単にイチゴの特徴をとらえることはできません。この数字の羅列から，イチゴの特徴を抽出するのが，ディープラーニングなのです。

単純な特徴を組み合わせて，複雑な特徴を抽出する

　ディープラーニングでは，まず直線や曲線といった単純な形をした特徴が抽出されます。そして単純な特徴が組み合わさり，徐々に複雑な形をした特徴が抽出され，最終的にイチゴの概念が抽出されます。こうして人工知能は，イチゴが映っていることを"認識"するのです。
　ディープラーニングは，人間の脳を模してつくられました。そこで38ページからは，まず人間の脳のしくみをみていきましょう。

2. 深層学習「ディープラーニング」

膨大な計算で特徴を抽出

イラストは，33ページのつづきです。画像から導き出された数値を用いて，ディープラーニング内で膨大な計算が行われます。その結果，最初は単純な特徴が抽出され，次第に複雑な特徴が抽出されます。

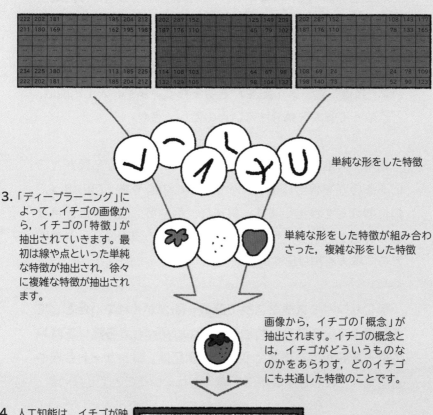

3. 「ディープラーニング」によって，イチゴの画像から，イチゴの「特徴」が抽出されていきます。最初は線や点といった単純な特徴が抽出され，徐々に複雑な特徴が抽出されます。

単純な形をした特徴

単純な形をした特徴が組み合わさった，複雑な形をした特徴

画像から，イチゴの「概念」が抽出されます。イチゴの概念とは，イチゴがどういうものなのかをあらわす，どのイチゴにも共通した特徴のことです。

4. 人工知能は，イチゴが映っていることを"認識"します。

これは，イチゴです。

35

顔のどこを見て個人を判別？

　成田空港は2020年春から，「顔認証技術」を用いた搭乗手続きシステムを導入予定です。これにより，顔写真を登録しておけば，荷物の預け入れや搭乗ゲートでのチェック時に，搭乗券やパスポートの提示が不要となります。**このような"顔パス"技術には，人工知能が活用されています。**人工知能は，どうやって個人を見分けているのでしょうか。

　通常，人工知能による顔認証では，まず画像から顔がどこにあるのかを検出します。そして瞳の中心や鼻，口の端っこの位置などを検出します。最後に，目や鼻，口，顔の骨格などの特徴を分析し，登録されている大量の顔画像データの中から，本人を割り出すのです。

　仮にサングラスやマスクで顔の一部がかくれていたとしても，見えている部分の特徴や，顔の骨格などから高い正解率で個人を特定できます。今後，顔認証は，コンサート会場や遊園地などさまざまな場所で導入されていくことでしょう。

37

人は，眼で見た物を，脳でバラバラにする

光の情報は，脳の一次視覚野に伝えられる

　私たちの脳はいったいどうやって，眼で見た物体が何かを判断しているのでしょうか。

　私たちの眼に入った景色（光情報）は，まず，眼の奥にある「網膜」に投影されます。ここで，光情報は電気信号に変換されて，脳の後方にある「一次視覚野」のニューロン（神経細胞）に伝えられます。

一次視覚野で，単純な形を判断する

　一次視覚野には，見ている像の輪郭を構成する縦や横，斜めといったさまざまな傾きの「線分」に応じて反応するニューロンが並んでいます。あるニューロンは横線だけに反応し，別のニューロンは縦線だけに反応するというように，それぞれが単純な形を"判断"するのです。このように，網膜から入った光の情報は，まずは脳内で単純な線分にまでバラバラにされます。

2. 深層学習「ディープラーニング」

人の脳で単純な形を抽出

眼から入った光の刺激は、網膜にある視神経を通じて、脳の一次視覚野に送られます。ここには、さまざまな傾きの線分に応じて反応するニューロンが並んでいます。イラストは、41ページにつづきます。

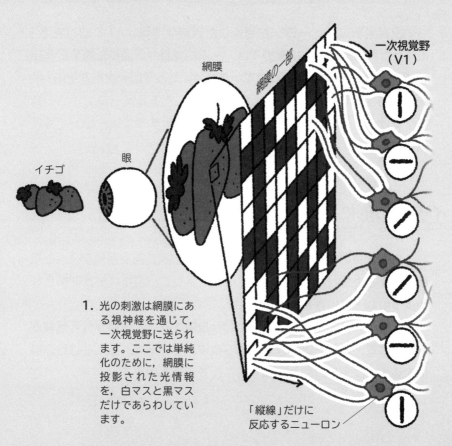

1. 光の刺激は網膜にある視神経を通じて、一次視覚野に送られます。ここでは単純化のために、網膜に投影された光情報を、白マスと黒マスだけであらわしています。

「縦線」だけに反応するニューロン

2. 縦や横、斜めといった「線分」に応じて反応するニューロンが一次視覚野に並んでいます。ここで、単純な形を判断します。

5 バラバラにした情報を，まとめあげる

単純な線分が，複雑な形にまとめられる

　一次視覚野のニューロンが判断した単純な情報は，「二次視覚野」に届けられます。二次視覚野では，一次視覚野が認識した線分どうしが，少し複雑な形にまとめられていきます。たとえば一次視覚野の「横線」に反応するニューロンと「縦線」に反応するニューロンからの信号を受けると，二次視覚野の「折れ線」を判断するニューロンが活性化します。

イチゴの形に反応するニューロンが活性化

　二次視覚野の情報は，さらに，「三次視覚野」「四次視覚野」へと送られ，まとめられていきます。そうして徐々に，複雑な形が判断されるようになっていきます。

　最終的に，イチゴのような形にだけ反応するニューロンへと情報が伝えられて，ニューロンが活性化します。その結果，私たちは目の前にあるものがイチゴだと認識することができるのです。

2. 深層学習「ディープラーニング」

徐々に複雑な形を抽出

イラストは，39ページのつづきです。単純な線分にまでバラバラにされた視覚情報は，複数の視覚野を通るうちに徐々に組み合わされていきます。最終的にイチゴのような形に反応するニューロンが活性化します。

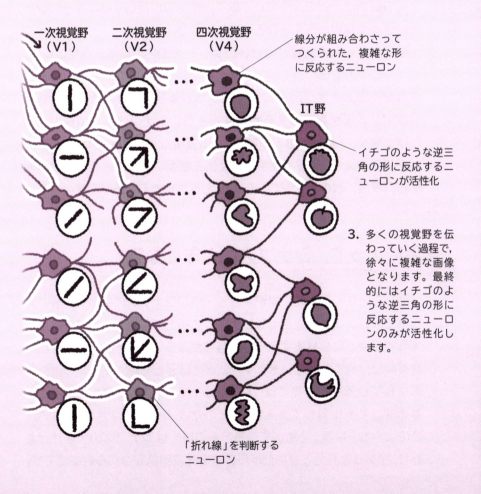

3. 多くの視覚野を伝わっていく過程で，徐々に複雑な画像となります。最終的にはイチゴのような逆三角の形に反応するニューロンのみが活性化します。

6 学習によって，神経回路は変化する

「シナプス」を通じて，情報が伝えられる

　人の脳では，どのようなしくみで，イチゴに反応するニューロンへと，うまく情報が伝えられるのでしょうか。
　眼で見たものの情報（視覚情報）は，人の脳内では電気信号として，ニューロン内を伝わっていきます。しかし，ニューロンどうしは直接つながっておらず，「シナプス」とよばれる構造で化学物質をやりとりすることで情報が伝えられます。さらにシナプスは，情報の伝達だけでなく，「情報の重みづけ」という重要な役割もになっています。シナプスの大きさ（結合強度）を変化させることで，入ってきた情報をどの程度，次のニューロンへと伝えるか決めているのです。

学習によって，シナプスは大きくなる

　同じことをくりかえし学習すると，同じシナプスに何度も信号が送られて，シナプスが大きくなります。すると，信号がより効率よく伝えられるようになります。一方，信号が入らないシナプスは徐々に小さくなり，無くなっていきます。たとえば子どもは，イチゴのような形をしているものを見ては，「これはイチゴ？」と何度も大人にたずねます。それに対して大人は，「そうだよ」「ちがうよ」と教えます。このような「学習」を通じて，子どもの脳ではシナプスの大きさがかわり，イチゴを見たときにだけ反応する神経回路がつくられるのです。

ニューロンとシナプス

ニューロンは,「シナプス」という構造を通じて,信号の受け渡しをします。シナプスの大きさによって,受け渡される信号の大きさがかわります。

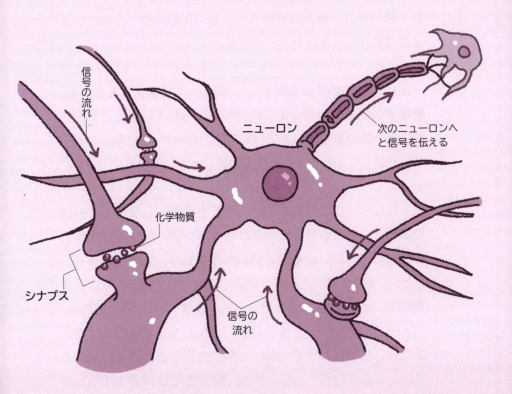

子どもが何かを覚えるときには,
脳の中のシナプスの大きさが変化するクマ。

脳の10％しか使っていない？

　「人は脳全体の10％程度の部位しか使っていない」という話を聞いたことはありませんか。世間で広く信じられているようですが，本当なのでしょうか。

　実は，さまざまな実験から，単純な作業をするときでも，脳は広い範囲にわたって，活発にはたらいていることが明らかになっています。つまり神経科学の世界では，「脳のごく一部しか使っていない」という説は誤りとされているのです。

　ではなぜ，この俗説が信じられてきたのでしょうか。一説によると，電気信号を伝えるニューロンが，脳の約10％ほどしか占めていないためだといわれています。脳は，ニューロンと，「グリア細胞」という細胞で構成されています。グリア細胞はニューロンの約10倍も存在します。このグリア細胞は，ニューロンをサポートする役割だけをもち，積極的には脳のはたらきにかかわっていないと長く考えられてきました。このことが曲解されて，私たちは，脳のほんの10％の部位しか使えていない，という誤解が広まったといわれています。

7 画像をバラバラにするのが，画像認識の第一歩

人の脳を模したニューラルネットワーク

　それでは，ディープラーニングのしくみにもどりましょう。

　人の脳をまねしてつくられた，コンピューター上のシステムを，「ニューラルネットワーク」といいます。ニューラルネットワークは，データを受け取る「入力層」，学習に応じてネットワークのつながり方をかえる「隠れ層」，最終データを出す「出力層」に分けられます（右ページ上のイラスト）。それぞれの層は，「ノード」とよばれる仮想的な領域からなります。ノードは，脳におけるニューロンのようなものです。

画像は画素に分解されて，入力層に入れられる

　ニューラルネットワークの中でもとくに，層を深く重ねてつくられたシステムを，ディープラーニングといいます。層を深くすることで，複雑な形を認識することができるのです。ディープラーニングで画像を認識するしくみをくわしくみてみましょう。

　まず，画像は画素にまでばらばらにされ，入力層に入れられます。その後，線分をあらわすフィルターを通り，輪郭が抽出されます。入力層に近い隠れ層では，画像の輪郭を構成する縦や横，斜めといった線分に応じて反応するノードが並んでいます。ある線分に対応するノードが反応すると，その情報は次の層へと届けられます。

46

2. 深層学習「ディープラーニング」

最初に単純な情報を抽出

人工知能の画像認識ではまず，画像はこまかい画素にバラバラにされます。そして，人の脳と同じように，線分に応じたノードが反応します。イラストは，49ページにつづきます。

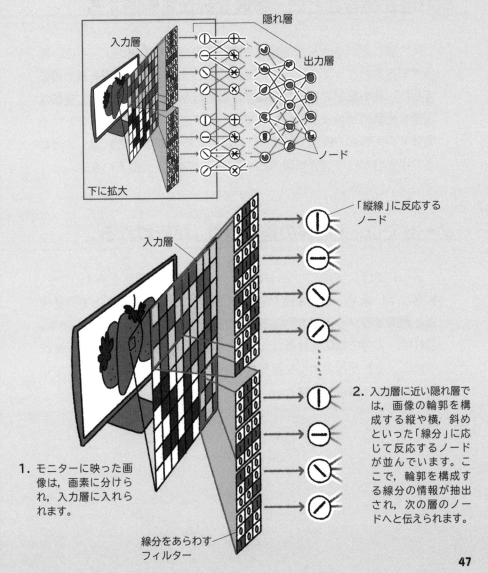

1. モニターに映った画像は，画素に分けられ，入力層に入れられます。

2. 入力層に近い隠れ層では，画像の輪郭を構成する縦や横，斜めといった「線分」に応じて反応するノードが並んでいます。ここで，輪郭を構成する線分の情報が抽出され，次の層のノードへと伝えられます。

8 脳と同じしくみを利用した，ディープラーニング

隠れ層を経るごとに，複雑な画像を判断する

　入力層に近いノードから線分の情報を受けた次の層のノードは，線分が組み合わさってつくられた形に反応します。**そして隠れ層を経るごとに，前の層で得られた情報がさらに組み合わされていき，複雑な画像を判断できるようになります。**そして最終的には，イチゴという果物そのものの「概念」を得ることができるのです。これは，人間の脳の視覚野が行う情報処理のしくみに，非常によく似ています。

ノードでは，「情報の重みづけ」が行われる

　ノードでは，次の層のノードにどれくらいの量の情報を流すのかを，制御しています。**このような「情報の重みづけ」を行うことで，イチゴと判断するノードにだけ，情報が伝わるようになっているのです。**これは，人間の脳におけるニューロンのはたらきに相当します。それぞれのノードがどのような画像を判断するかは，学習によって人工知能が自動的に獲得します。

2. 深層学習「ディープラーニング」

線分が組み合わされていく

イラストは，47ページのつづきです。脳の視覚野と同じように，隠れ層を経るごとに線分の情報が組み合わされます。最後には，イチゴのような形に反応するノードが活性化します。

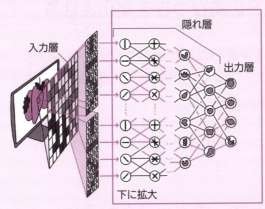

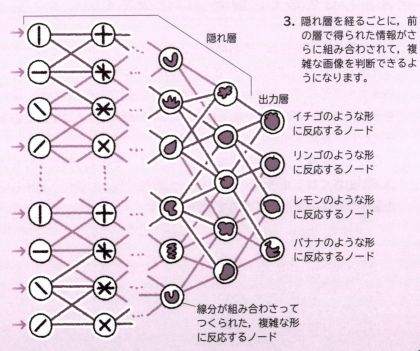

3. 隠れ層を経るごとに，前の層で得られた情報がさらに組み合わされて，複雑な画像を判断できるようになります。

イチゴのような形に反応するノード

リンゴのような形に反応するノード

レモンのような形に反応するノード

バナナのような形に反応するノード

線分が組み合わさってつくられた，複雑な形に反応するノード

9 信号の「重み」をかえて，賢くなる①

ノードとノードの結びつきを変化させる

　人工知能が行う学習とは，試行錯誤をくりかえして，正しい結果が出せるようにノードとノードの結びつき（重みづけ）を徐々に変化させていくことを指します。

　具体的に，イチゴとリンゴを分類する学習法を見てみましょう。人工知能にイチゴの画像を入力したとします（STEP1）。

答え合わせをして，重みづけをかえていく

　学習前の人工知能は，あらゆる重みづけがランダムな値となっており，画像のどこに注目すべきか（イチゴがもつ特徴が何か）わかっていません。そこで，まずは抽出された特徴をすべて足し合わせ，平均をとります（STEP2）。そしてリンゴである確率とイチゴである確率を比較し，結果を出力します（STEP3）。

　この出力結果と，答えとを突き合わせます。そして，答え合わせの誤差が小さくなるように，みずから出力層側から入力層側へと隠れ層の重みづけをかえていくのです（STEP4）。

2. 深層学習「ディープラーニング」

人工知能の学習の序盤

最初はイチゴとリンゴを判別することができません。そこで，分類した結果の答え合わせを行い，正解との誤差を小さくできるよう，重みづけをかえていきます。イラストは，53ページにつづきます。

お題
イチゴとリンゴを分類しよう！

STEP1. 画像入力
イチゴの画像を入力します。このイチゴの画像には，人間によって「イチゴ」と正解のラベルが貼られています。

入力層

抽出された特徴

四角い形 40％　星型 60％　丸い形 50％　とがった形 50％

STEP2. 分類
初期段階では，リンゴとイチゴを分類する特徴が抽出できておらず，適切な重みづけも不明です。まずはすべてを足しあわせ，平均をとります。

隠れ層

リンゴ
$$\frac{40+60+50+50}{4}=50\%$$

イチゴ
$$\frac{40+60+50+50}{4}=50\%$$

出力層

STEP4で重みづけをかえていく

イチゴの確率は50％

STEP3. 結果の出力
リンゴである確率とイチゴである確率を比較し，結果を出力します。初期段階では，イチゴかリンゴか判別できません。

STEP4. 答え合わせ
答え合わせの誤差が小さくなるように，人工知能はみずから線の結び方（重みづけ）を変えていきます。その結果，抽出される特徴もかわっていきます。

10 信号の「重み」をかえて、賢くなる②

学習をくりかえすことで，誤差を小さくする

　学習の初期には，イチゴの画像を正しく認識することはできません。しかし何百枚，何千枚の画像を読みこませ，分類と答え合わせをくりかえさせることで，人工知能は適切な特徴と重みづけを得て，徐々に誤差を小さくしていきます（STEP5，6）。

適切な特徴と重みづけを得る

　たとえば，右のイラストは，学習の終盤の状態を示した模式図です。リンゴとイチゴを分類する際に，「丸い形」「とがった形」など，四つの特徴に"着目"しています。そして，「とがった形」「ぶつぶつ」という特徴に関して，イチゴに向かう経路には重みづけを1に，リンゴに向かう経路には重みづけを0としています。このような計算によって，人工知能は適切にリンゴとイチゴを分類することができるようになっていくのです。

人工知能の学習の終盤

イラストは，51ページのつづきです。人工知能は多くの画像を読みこみ，みずから答え合わせをくりかえします。その結果，学習の終盤では，精度よく画像を認識するようになります。

STEP5. 多くの画像を入力
イチゴとリンゴの画像を数多く入力します。このときも，人間によって画像に正解のラベルが貼られています。

「とがった形」「ぶつぶつ」という特徴に関して，イチゴに向かう経路には重みづけを1に，リンゴに向かう経路には重みづけを0とします。

逆に，「丸い形」「すべすべ」という特徴に関して，リンゴに向かう経路には重みづけを1に，イチゴに向かう経路には重みづけを0とします。

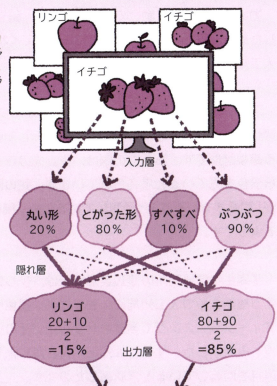

STEP6. 学習によって適切な特徴と重みづけを得る
数多くの画像について答え合わせを行うことで，誤差を小さくしていきます。

人工知能も錯視図形にだまされる

　　動いていないのに動いてみえる絵など，錯覚（錯視）を利用した絵は，私たちを不思議な気持にさせてくれます。錯視は，人工知能でもおきるのでしょうか。

　　「蛇の回転錯視」とよばれる錯視図形があります。これは，静止画にもかかわらず，蛇の模様が回転しているようにみえる錯視図形です。私たちの脳は，少し先のことを予測しながら景色を見ていると考えられています。蛇の回転錯視も，脳が「回転するだろう」と予測しているため，模様が動いてみえるようです。

　　基礎生物学研究所の渡辺英治博士は，少し先のことを予測する機能をもつ人工知能に，さまざまな景色やものの動きをディープラーニングで学習させました。その後，蛇の回転錯視をみせました。するとなんと，人と同じように，蛇の回転錯視を回転していると誤認識したのです。人工知能も，錯視図形にだまされるようです。

11 インターネットが、人工知能を進化させた

重みづけを最適化できなかった

ディープラーニングは，脳の情報処理のしくみに非常によく似ており，ある意味では単純で素朴なアイデアといえます。**しかし長年，ディープラーニングは実用に耐えるほどの精度が出せず，2010年代まで日の目を見ることはありませんでした。**その理由は，層が深くなるにつれて，答え合わせの影響がうまく隠れ層に伝わらず，重みづけを最適化できなかったためです。

使用できる画像データが，爆発的にふえた

しかし近年，答え合わせの方法を改良したり，本格的な学習を行う前に，人工知能を"プレトレーニング"したりすることで，非常に効率よく学習を行うことができるようになりました。

さらに，インターネットの拡大とともに，使用できる画像データが爆発的にふえたことで，容易に学習を行うことができるようになりました。また，人工知能が行う計算に特化したプロセッサ（中央処理装置）の開発が進んだことも，現在，人工知能の性能が劇的に向上している大きな要因です。

2. 深層学習「ディープラーニング」

インターネットと人工知能

インターネットの発展によって，利用できるデータが爆発的にふえたことから，人工知能は容易に学習を行うことができるようになりました。

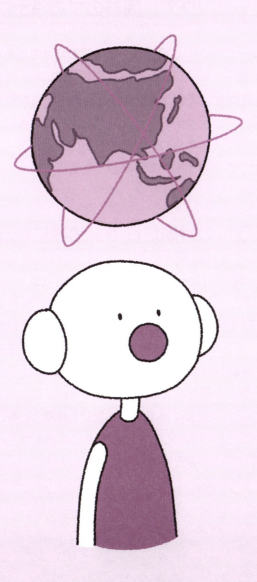

12 最強の囲碁AI誕生！

ディープラーニングで，囲碁のプロ棋士に勝利

　ディープラーニングの活用例は，画像認識だけではありません。たとえば音声認識や，翻訳のような自然言語処理にも利用されます。
　2016年に世界トップクラスのプロの囲碁棋士に勝利した囲碁ソフト「AlphaGo」も，ディープラーニングを用いています。過去のプロ棋士どうしの対局中にあらわれた膨大な石の配置パターンを読みこむことで，自分が有利か不利かを各場面で判断しているのです。

人工知能どうしの対局だけで，最強になった

　AlphaGoを開発したイギリスのDeepMind社はさらに，2017年10月，囲碁のルールのみをあたえた「AlphaGo Zero」が，40日という短期間で，従来のAlphaGoのどのバージョンよりも強くなったことを発表しました。AlphaGo Zeroではディープラーニングに加えて，「強化学習」という手法も取り入れられました。強化学習では，過去の対局記録や手筋を教えません。そのかわりに，人工知能どうしで対局を行わせ，より多く勝てる打ち筋に「報酬」をあたえます。人工知能はみずから試行錯誤して，より多くの報酬を得られる，最適な打ち筋を学習していくのです。

2. 深層学習「ディープラーニング」

わずか40日で史上最強に

グラフは，AlphaGo Zeroの強さの変化をあらわしたものです。3日目までに急成長し，40日目にはこれまでに開発されたAlphaGoのどのバージョンよりも強くなりました。

3日目
AlphaGo Zeroはたったの3日で，2016年5月にイ・セドル九段を破ったバージョンのAlphaGoの棋力をこえました。

21日目
AlphaGo Zeroは21日目に，人類最強囲碁棋士ともよばれる柯潔九段を2017年5月に破った「AlphaGo Master」の棋力をこえました。

40日目
AlphaGo Zeroは，人間の対局記録をまったく使うことなく，人工知能どうしの対局のみでAlphaGoのどのバージョンよりも強くなりました。

0日目
AlphaGo Zeroは，囲碁の基本的なルール以外には何の前提知識もない状態からスタートしました。そのため最初の段階では，完全に行き当たりばったりの打ち方となります。

（縦軸：イロレーティング〈囲碁の強さをあらわす指標〉）
（横軸：学習日数（日））

（出典：https://deepmind.com/blog/alphago-zero-learning-scratch/）

> 博士！
> 教えて!!

将棋AIはすべての手を読める？

 将棋ソフトがついに名人に勝つようになったな。

 計算で全部の手が読めるんでしょ？　当然じゃ……。

 わかっとらんな。将棋の1局の指し手は，ざっくりとした計算じゃが，およそ2×10^{228}あるんじゃ。すべてを読みきるのは無理だと思わんかね。

 じゃ，どうやって将棋を指すんですか。

 将棋ソフトは，「局面を評価する数式」にもとづいてそれぞれの場面（局面）の点数をつけることができるんじゃ。そしてどう指すと，点数が最も高くなるのかを計算して，次の手を決めておる。

 名人にも勝てる完璧な数式があるんですか？

 将棋ソフトは，膨大な数の棋譜を読みこんで，強くなるように自分で数式を調整しておる。さらに将棋ソフトどうしで対局をくりかえして学習するものもあるぞ。

歴史的勝利をおさめたチェスAI

1997年5月，チェス専用スーパーコンピューター「ディープブルー」と，アゼルバイシャン出身のチェスの世界チャンピオン，ガルリ・カスパロフ（1963〜）との歴史的な6番勝負が行われました。2人の対戦は，1996年以来2度目で，最初の対戦では，カスパロフが3勝1敗2分けで勝利していました。

1997年の対戦では，第1局目はカスパロフが勝利したものの，第2局目はディープブルーが勝利しました。その後引き分けを3回はさんで，第6局目をディープブルーが勝利し，1勝2敗3分けで，カスパロフは敗北しました。この戦いで，現役の世界チャンピオンをコンピュータが負かすという偉業が，はじめて達成されたのです。

カスパロフは，ディープブルーが第1局目の44手目に指した手が，知性を感じさせる手だったと振り返りました。そしてこの1手が，その後の対局に大きく影響したといわれています。しかし，この1手が実は，プログラムのバグによるものだったと，のちに開発者が明らかにしています。

エニグマを解読！

第二次世界大戦中、ドイツ軍のUボート（潜水艦）に悩まされていたイギリス軍

ドイツ軍は「エニグマ」という暗号機を使って

Uボートに標的を伝えていた

1939年、チューリングはイギリス軍の暗号解読チームに加わり

エニグマの暗号を解読する「ボンベ」という装置を開発

ボンベによって暗号の解読に成功し、イギリス軍をみごと勝利に導いた

3. 社会に進出する 人工知能

人工知能はさまざまな分野で社会に進出し，私たちの生活をかえつつあります。第3章では，自動翻訳，自動運転，医療支援を例に，人工知能の今を紹介します。また，人工知能が今後，乗りこえないといけない課題についても考えます。

1 ディープラーニングで,翻訳精度が大幅アップ！

Google翻訳の質の向上が話題に

　2016年11月，Googleの無料の自動翻訳機能（日本語⇔英語の翻訳）にディープラーニングが導入され，翻訳の質が大きく向上したことが話題になりました。ここからは，ディープラーニングを使った翻訳について，みていきましょう。

　私たち人間が翻訳するときには，学校などで学んだ単語や文法の知識を使って翻訳します。一方で，ディープラーニングを使った自動翻訳は，必ずしも文法の知識をもとに翻訳文をつくっているわけではありません。

大量の対訳データから，規則性を学ぶ

　ディープラーニングを使った自動翻訳では，翻訳前の文と，人間が翻訳した文の両方のデータ（対訳データ）をもとに学習します。大量の対訳データから「こういう並び順で出てきた日本語の単語列は，こういう英語の単語列として翻訳されることが多い」という規則性を学び，それを使って翻訳するのです。その結果，人の翻訳に近い自然な翻訳文をつくれるようになるというわけです。

3. 社会に進出する人工知能
自動翻訳

精度の高い自動翻訳

パソコンやスマートフォンで気軽に使える自動翻訳機能。ディープラーニングを導入した自動翻訳は，海外旅行での簡単な会話や，外国語の学習に十分役立つレベルになっています。

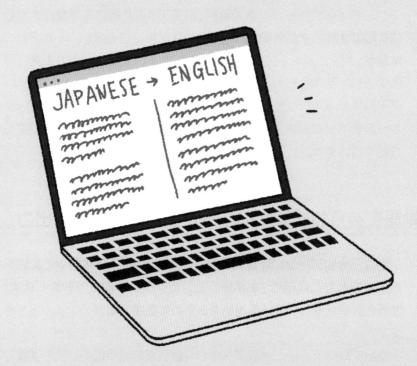

2 自動翻訳では,単語を数値に変換する

言語はまず,数値に変換される

　日本語の文を英語の文にするときの,自動翻訳の流れをみてみましょう。**ディープラーニングで処理(計算)するために,言語はまず数値に変換されます。**翻訳前の日本語の文を単語に分解し,それぞれの単語を「数字の組み(ベクトル)」で表現するのです。この各単語に対応する「数字の組み」は,単語の意味を含むデータになっています。ディープラーニングを使った自動翻訳では,数字の組を,対訳データから自動で生成します。学習を重ねる中で,数値(意味)の微調整も自動で行います。

単語をあらわす数字の組みを,正しい順番で出力

　次に,**数値データに変換された日本語の文を,「日本語から英語へ翻訳するときの規則性」を学習したプログラムを使って計算します。**すると計算結果として,英単語をあらわす数字の組が一つずつ出てきます。
　翻訳プログラムは,対訳データから翻訳文の語順についても学習しています。そのため,英単語をあらわす数字の組を,文の先頭から順番に1単語ずつ,正しい語順で出力していきます。数字の組を対応する英単語に変換すれば,英語の文ができあがります。

3. 社会に進出する人工知能
自動翻訳

自動翻訳の流れ

翻訳前の文は，まず数値データ（行列）に変換され，ちがう言語に変換するための計算を行います。先頭から1語ずつ出てくる計算結果を単語に変換すれば，翻訳完了です。

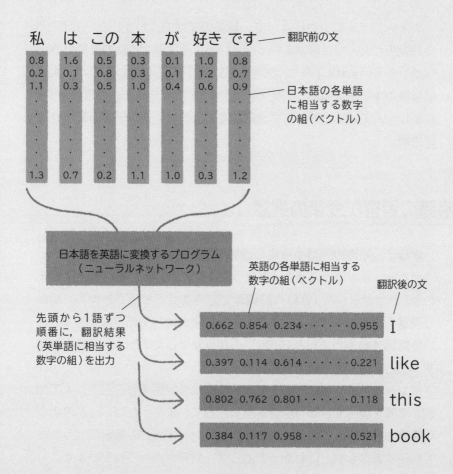

3 人工知能は，行間を読めない

「文脈」や「行間」の理解には，研究の蓄積が必要

　ディープラーニングによって，翻訳の質は向上しました。しかし，自動翻訳がどんなに自然になったといっても，まだ1文単位での翻訳しかできていません。一つ前の文すら，参照していないのです。人間は文章の中に含まれる「文脈」や「行間」を理解することができます。しかし，人工知能がそれらを理解するまでには，まだ研究の蓄積が必要です。

常識の習得が今後の課題

　さらに，常識の習得も今後の課題です。たとえば，「洗濯物を干していたら，雨が降ってきた」という文を聞くと，私たちは言外に含まれる「がっかりした」という感情まで推測することができます。しかし現状の人工知能は，「雨が降る→洗濯物がぬれて乾かなくなる」という常識すらもっていないので，「がっかりした」という感情を推測することなどできないのです。

　インターネット上などにある大量の文章を学習することで，人工知能が常識を獲得できる可能性も指摘されています。ただし，どのような常識を獲得できるのか，それを「文脈」や「行間」の解釈にどうやって利用するのかなどはわかっておらず，研究が進められています。

3. 社会に進出する人工知能
自動翻訳

感情を推測できない

人工知能は，1文単位の翻訳は精度よく行いますが，言外に含まれる感情を推測したり，行間を読みとったりすることはできません。

50％の言語が，消滅の危機

　皆さんは，世界中にどれくらいの数の言語があると思いますか？　実は6000〜7000言語もあると推定されています。しかし，このうちの約50％は，今後100年以内に消滅すると推測されています。このような消滅の危機に瀕している言語のことを，「危機言語」といいます。現在，危機言語の消滅危険度は，「極めて深刻」から「重大な危機」「危険」「脆弱」まで4段階で評価されています。

　日本の言語・方言にも，危機言語があり，国際連合教育科学文化機関（ユネスコ）の2009年2月の発表によれば，現在，8言語・方言※が指定されています（右の表）。「極めて深刻」に指定されているのが，アイヌ語です。また，「重大な危機」に指定されているのが，八重山語と与那国語です。さらに「危険」には，沖縄語など，五つの方言が指定されています。

　現在，文化庁では，消滅危機言語の実態調査と保存・継承に関するさまざまな取り組みを行っています。

※：ユネスコでは八つの方言は，いずれも独立の言語として認定しています。

ユネスコが認定した，日本における危機言語・方言

危機度	言語名	エリア
極めて深刻	アイヌ語	北海道
重大な危機	八重山語（八重山方言）	沖縄県
	与那国語（与那国方言）	沖縄県
危険	八丈語（八丈方言）	東京都
	奄美語（奄美方言）	鹿児島県
	国頭語（国頭方言）	沖縄県
	沖縄語（沖縄方言）	沖縄県
	宮古語（宮古方言）	沖縄県

4 自動運転車は，六つのレベルに分けられる

国内で販売されている車は，レベル2まで

　ここからは，自動運転車についてみていきましょう。自動運転車の「自動」には，レベルがあり，0〜5までの6段階に分けられています（右の表）。現在，国内で発売されている中で最もレベルが高いのは，ハンドル操作と加減速をサポートできる，レベル2の自動運転車です。一つ進んだレベル3の自動運転車は，高速道路などの限られた場所で，すべての操作を自動で行います。ただし，緊急時にはドライバーが操作しなければならないため，運転席には必ずドライバーが座っていなければなりません。

自動運転で，車はより安全になる

　このレベル3をさらにこえ，限られた場所でのみドライバーの不在が可能なレベル4，そして，すべての条件でドライバーの不在が可能となるレベル5の自動運転車の開発が進んでいます。
　自動車事故の多くは，ドライバーの不注意が原因だといわれています。そのため，自動運転により，車はより安全になると考えられています。また，高齢者の運転の補助や，運転の省エネルギー化もできると期待されています。

3. 社会に進出する人工知能

自動運転

6段階の自動レベル

自動運転車には，0～5までの六つの「自動」のレベルがあります。それぞれの概要について，下の表にまとめました。

自動化レベル	概要	だれが運転を行うか	運転手の必要性
レベル0（自動化なし）	すべての環境において，人が運転します。	人	必須
レベル1（運転支援）	基本的に人が運転します。ただし，特定の条件下で，ハンドル操作か加速・減速のどちらか一方を車が実施します。	人（ハンドル操作などの支援）	必須
レベル2（部分的な自動化）	基本的に人が運転します。ただし，特定の条件下で，ハンドル操作と加速・減速の一方もしくは両方を車が実施します。	人（ハンドル操作と加減速の支援）	必須
レベル3（条件つき自動化）	高速道路などの限定された環境において，車が自動で運転します。しかし，人は車の要請に応じてすぐに運転に復帰しなければなりません。	人/車	必須
レベル4（高度な自動化）	高速道路などの限定された環境において，車が自動で運転します。自動運転ができない状況になっても，人は運転に復帰する必要はありません（復帰しないときは車が自動で安全に停止するなどします）。	車	必須ではない
レベル5（完全な自動化）	すべての環境において，車が自動で運転します。	車	不要

5 運転の3要素，「認識」「判断」「操作」

人は「認識」「判断」「操作」をくりかえしている

　自動運転車のしくみを知るには，まず人間がどのように運転しているかを知る必要があります。

　人が車を運転するときには，「認識」「判断」「操作」という三つの行為をくりかえしています。たとえば運転中，道路を横断しているお年寄りがいて，急ブレーキを踏む場合を考えてみましょう。まずドライバーは，お年寄りを発見し（認識），次に，「このままではぶつかってしまうから，急ブレーキを踏もう」と決め（判断），そして，急ブレーキを踏みこみ，お年寄りの手前で停車させます（操作）。

自動運転車も，三つの行為をくりかえして走行

　自動運転車の場合は，前方に搭載されたカメラやレーダーを使って，前方に立体物があることを検知し，立体物までの距離をはかります（認知）。次に，立体物までの距離と自動車の速度にもとづいてブレーキをかけるかどうかを決め（判断），ブレーキをかけます（操作）。**自動運転車も，「認識」「判断」「操作」をくりかえして走行するのです。**

3. 社会に進出する人工知能
自動運転

運転の3要素

人間は，目で見て「認識」「判断」「操作」という3要素をくりかえし行なっています。自動運転でも，カメラやレーダーを使って同じ3要素が行われます。

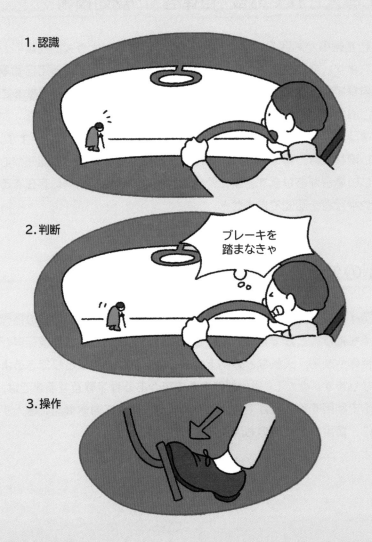

1. 認識
2. 判断 — ブレーキを踏まなきゃ
3. 操作

6 周囲の状況を知る，2種類の方法

すでに導入されている「自律型」の認知技術

　自動運転車が周囲の環境を「認知」する技術は，大きく2種類に分けられます。自動運転車に取りつけられたカメラなどを使って自動運転車自身で認知する「自律型」と，周囲の車両や歩行者と通信することで，おたがいの位置や速度を認知する「協調インフラ型」です。
　自律型の環境認知技術の一部は，市販車にすでに導入されています。しかし現状では，雨や夜間，道の形状などによって，環境の認知がむずかしい場合があります。また，自動運転車から見て死角に存在する車両や歩行者を認知できません。

自律型の欠点を補う「協調インフラ型」

　協調インフラ型の技術は，環境条件に左右されやすい自律型の技術の欠点を補うことができると期待されています。また，自動運転車が事故情報や渋滞，天気など道路上のあらゆる情報をやりとりできるようになります。ただし，通信機能をもつ車がある程度普及するまでは，車同士で利用することができません。また，道路に通信機能を導入するのに，費用がかかるのも課題です。

3. 社会に進出する人工知能
自動運転

自立型と協調インフラ型

自立型は，天気などに左右されやすいという欠点があります。その欠点を補うことが，協調インフラ型に期待されています。

	概要	課題
自立型	・取りつけられたカメラなどを使って自動運転車自身で認知します。 ・障害物を検知してブレーキをかける「プリクラッシュブレーキ」や，前の車を追走する「アダプティブクルーズコントロール（ACC）」が自立型の例です。	・現状では，雨や夜間，道の形状などによって，環境の認知がむずかしい場合があります。さまざまな環境で公道試験を行い，認知能力を向上させることが求められています。 ・自動運転車から見て死角に存在する車両や歩行者を認知できません。
協調インフラ型	・周囲の車両や歩行者と通信することで，おたがいの位置や速度を認知します。 ・協調インフラ型の技術をもつ自動運転車が普及すると，事故情報や渋滞，天気など，道路上のあらゆる情報をやりとりすることが可能になります。	・通信機能をもつ車が普及するまでは，車同士で利用できる機会が少ないです。 ・すべての道路に通信機能を導入するのは莫大な費用がかかります。渋滞しやすい地域や事故がおきやすい場所など，一部の道路にだけ通信機能をもたせることが検討されています。

自立型と協調インフラ型，それぞれに課題があるんだクマ。

7 自動運転車は,渋滞しない!?

自動運転車が人間よりもすぐれている点は?

「認識」「判断」「操作」のうち,現時点で自動運転車が人間よりもすぐれているのはどのような点でしょうか。まず自動運転車が環境を認識する能力は,まだ人間にはおよびません。また,判断についても,公道試験での経験がまだ必要です。**一方,操作について,認知から操作までにかかるスピードや,意図した速度に制御する能力は,自動運**

渋滞が起きやすいサグ部

ゆるやかな下り坂からゆるやかな上り坂に切りかわる部分を「サグ部」といいます。減速に気づかなかったり,先行車よりも非常に大きく減速したりして,渋滞がおきます。

人が運転する場合

1. 先頭の車 A がゆるやかな上り坂にさしかかり,減速する。

2. 後続の車 B が A との車間距離を長くしようとして,A より大きく減速。

3. 後続の車 C,D も,車間距離をもどすために,先行車より大きく減速する。このように,後続の車ほど速度が遅くなっていき,やがて渋滞が発生する。

転車のほうがはるかにすぐれています。たとえば自動運転車は、先行車の加減速をすばやく感知して速度を調節できます。

自動運転車は、必要最低限の加減速だけを行う

　人間は、通常の運転操作で、先行車の速度の変化に対応するのに1秒程度かかると考えられています。この遅れのために、先行車の減速よりも大きく減速してしまいます。これが渋滞の一因となります。しかし自動運転車は、自身や先行する車の速度の変化を即座に検知し、必要最低限の加減速だけを行うので、後続車にあたえる影響が小さく、人間の運転よりも渋滞を引きおこしにくいと考えられています。

自動運転車が運転する場合

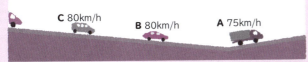

1. 先頭の車Aがゆるやかな上り坂で減速するが、すぐ減速を検知し加速。

2. 後続の車BがAに合わせて減速したあと加速。減速量はAと同程度。

3. 後続の車CはBに合わせて、減速したあと加速。自動運転車は、自身の減速や先行車の速度の変化を即座に検知でき、減速しすぎることがないため、渋滞が生じにくい。

自動運転車は、先行車に合わせて加減速できるので、渋滞をおこしにくいと考えられているんです。

世界初の自動車は，蒸気自動車

　自動車の歴史をひもといてみましょう。世界初の自動車は，1769年にフランスで開発された「蒸気自動車」です。その名の通り，蒸気で動く自動車です。車体の前方に大きなボイラーがついており，ここで蒸気をつくり，動力としていました。速度は時速３キロメートル程度だったそうです。日本でも1904年（明治37年）に蒸気自動車がつくられ，これが最初の国産自動車となりました。

　ガソリン自動車が発明されたのは，1870年のことです。しかし，ガソリン自動車の発明よりも前の1839年に，世界初の電気自動車が開発されていました。1900年ごろまで，電気自動車が，広く使用されていたのです。

　1900年代以降，油田の発掘によりガソリンが安定供給されるようになったことや，ガソリンエンジンの大量生産に成功したことなどから，ガソリン自動車が一気に普及しました。しかし現在，一度はすたれた電気自動車が，環境保護の観点から再び注目されています。

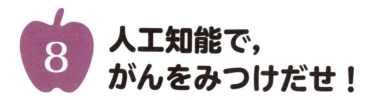

8 人工知能で, がんをみつけだせ！

人工知能が, がん細胞の有無を診断

　ここからは, 医療分野で活躍が期待される人工知能について紹介していきましょう。現在の人工知能が最も得意とする分野の一つが, 画像解析です。そこで, 患者の胃などから採取した組織の標本を, 人工知能に"観察"させて, がん細胞の有無を判断させる研究が進められています。

がんの見落としがないかチェック

　まず, 人工知能に正常な組織標本の画像をたくさん分析させます。人工知能は, 正常な細胞の特徴を抽出し, それを数値化します。そうして, 正常な細胞とは何か学習します。次に, がん細胞が含まれている可能性のある標本を分析させます。人工知能は標本に含まれる細胞の特徴を数値化し, 正常な細胞の数値とどれだけ近いかを計算します。数値がはなれていると異常である, すなわちがん細胞である疑いが強いと判断します。医師によるがんの見落としがないかのチェックや, 1次診断によるしぼりこみを人工知能が行うことで, 医師を支援できると考えられています。

3. 社会に進出する人工知能
医療支援

がんの診断をサポート

人工知能が，正常な細胞とは何かを学習することによって，がん細胞をみつけだせるようになります。将来的な医師不足の解消にも役立つと，期待されています。

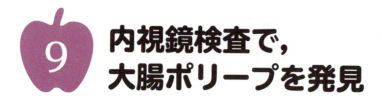
内視鏡検査で，大腸ポリープを発見

内視鏡検査に人工知能を投入する

　体内にカメラを入れて胃や腸を検査する「内視鏡検査」でも，人工知能の活躍が期待されています。たとえば，大腸がんは通常，ポリープとよばれる突起から発生します。このため，内視鏡検査でポリープがみつかると，すみやかに取り除かれます。しかし，発見のむずかしいポリープもあります。そこで，ポリープの見のがしを防ぐために，内視鏡検査に人工知能を活用するシステムの開発が，国立がん研究センターで進められています。

ディープラーニングで，発見率は98％に

　まず，ベテラン医師が診断をつけた，さまざまな大腸がんやポリープの画像を人工知能にあたえました。人工知能は，ディープラーニングを使って，大腸がんやポリープの特徴を学習していきます。一通り学習させたあと，今度は約5000枚の新しい内視鏡画像を診断させました。すると，98％という高い発見率でポリープをみつけだしたのです。今後は，国立がん研究センターに蓄積された，みつけづらいタイプのポリープが写る数多くの内視鏡画像を人工知能に学習させ，発見の精度を上げていく予定です。

3. 社会に進出する人工知能
医療支援

ポリープの見のがしを防ぐ

内視鏡検査でのポリープの見のがしによって、大腸がんになってしまうことがあります。人工知能を使うことで、ポリープの見のがしを防ぐ研究が進められています。

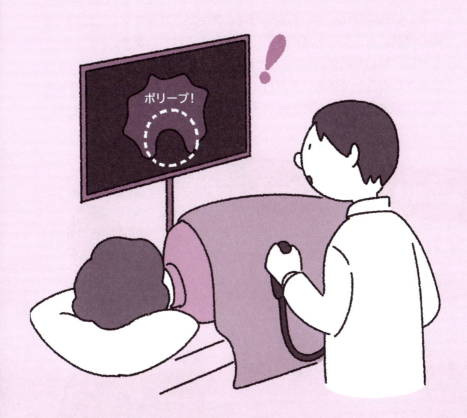

10 人工知能が、新薬候補を探しだす

膨大な時間と費用がかかる新薬の開発

　新しい薬の開発には、膨大な時間と費用がかかります。そこで、新薬の開発に人工知能を活用することが考えられています。

　薬は、私たちの体の中のタンパク質などと結合し、そのはたらきを変化させることで効果を発揮します。**つまり新しい薬の候補を探す作業は、特定のタンパク質と結合する化合物を探す作業だといえます。**

薬の候補となる化合物は？

左ページの化合物Aはタンパク質と結合しないため、新薬の候補とはなりません。右ページの化合物Bはタンパク質と結合するため、新薬となる可能性があります。

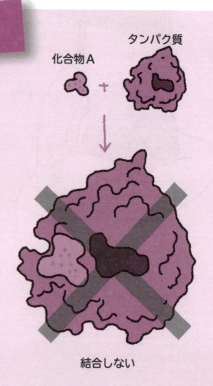

結合しない

3. 社会に進出する人工知能
医療支援

　膨大な種類の化合物から薬の候補となりうる化合物をしぼりこむ作業には，大変な労力がかかります。そこで期待されているのが人工知能というわけです。

人工知能で薬の候補となる化合物をしぼりこむ

　まず，すでに結合することがわかっているタンパク質と化合物のペアを人工知能に入力し，さまざまな結合のパターンを学習させます。**その学習結果をもとに，ターゲットのタンパク質と化合物が結合するかどうかを人工知能に推測させます。**そして，結合すると推測された化合物の中から，本当に薬となりそうなものを探していくのです。

結合する
（薬となる可能性がある）

人工知能が化合物をしぼりこむことで，新薬開発の効率がよくなると期待されているクマ。

ゴキブリは薬だった！

　今から2～3億年ほど前に地球上にあらわれたというゴキブリ。実は，ゴキブリの中には，薬として使われてきたものがいます。

　中国では古くから，サツマゴキブリやチュウゴクゴキブリとよばれる翅（はね）のないゴキブリの雌が，薬として使われてきました。現在でも，サツマゴキブリは，漢方薬として販売されています。効能は，血流改善や解毒だとされています。2000年以上前に中国で出版された医学書にも，その効能が紹介されています。また日本でも，平安時代には中国から薬用のゴキブリを輸入していたようです。

　さらに，2010年に開催されたイギリス総合微生物学会では，ワモンゴキブリが細菌を死滅させる抗生物質をつくりだすことが発表されています。このゴキブリをもとに新たな医薬品が開発される日がくるかもしれません。

11 人工知能がだまされても，人は気づけない

人工知能だけをだますことができる

　ここからは，人工知能が社会に広く普及するための課題について考えていきましょう。

　人工知能が広く利用されるようになると，それを悪用しようとする人が出てきます。たとえば画像を構成する画素の並び方を数学的に分析するという人工知能の分析法を逆手にとれば，人間にはわからないように，人工知能だけに画像（データ）の中身を誤解させることができます（右のイラスト）。データの種類が変わっても，本質的には同じような手口で人工知能をだますことが可能なのです。

悪用しようとするのは人間

　人工知能はたんなるコンピューターのシステムですから，倫理観も悪意もありません。悪用しようとするのは人間です。悪意をもった人間の攻撃から人工知能を守るための技術が必要になります。人工知能のふるまいが外部からの攻撃によって乱されないためのしくみを，人工知能本体にそなえておく方法と，人工知能本体とは別に用意する方法の二つが考えられており，まさに今研究が進められています。

3. 社会に進出する人工知能
セキュリティとプライバシー

パンダがテナガザルに!?

パンダの画像に，人間にはノイズにしか見えない成分を加えます。すると人工知能は，「テナガザル」が映っていると判断するようになる場合があるといいます。なお，ここにのせているイラストは，イメージです。

元の画像

人工知能の判断
パンダ（確実度57.7％）

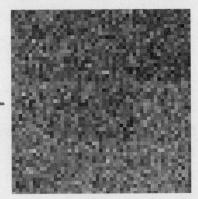

元の画像データに
上のデータを"希釈"して加える

処理後の画像

人工知能の判断
テナガザル（確実度99.3％）

12 人工知能に求められる公平性

判断をかたよらせない

　企業の採用活動に，人工知能を活用する研究が進められています。過去に採用した人の履歴書とその後の社内での活躍ぶりを人工知能が学習することで，応募者の会社での活躍を確率的に判断するのです。

　採用・不採用を判断する人工知能に，家族に関する情報や出生地，宗教などの判断基準をもたせると，いわゆる就職差別につながるため，法律的な問題が生じる可能性があります。人工知能に「公平性・公正性」をもたせて，判断をかたよらせないことも，広い意味で人工知能のセキュリティの一種です。公正さを外部からチェックして保証する技術についても，研究が進められています。

判断の理由を理解することが困難

　非常に複雑な処理を行う技術を使って人工知能がくだした判断は，その理由を理解することが困難です。そのため，判断結果が外部からの悪意ある操作によって変化したのか，もともとそうなのかがわかりにくいです。攻撃があった場合，そのことを高い精度で発見することが，人工知能に関するセキュリティの大きな課題です。

3. 社会に進出する人工知能
セキュリティとプライバシー

人工知能が採用を判断

採用活動に，人工知能を活用する企業もあるといいます。人工知能の判断理由を理解するのはむずかしいので，外部からの操作を防いだり，攻撃を発見したりする技術が重要になります。

13 データの利用が，プライバシーの侵害につながる

データの活用とプライバシーの両立が課題

　人工知能が広く利用される時代になると，個人情報（プライバシー）がおびやかされる事態もふえてくると考えられています。中でも，医療データの活用と個人のプライバシーをどう両立させるかは，大きな課題の一つです。

　たとえば，数万人規模のデータを人工知能が分析すれば，さまざまな病気に関して，遺伝的な要素と生活習慣の関係について，情報が得られるでしょう。しかし，データから個人が特定され，病気になりやすい遺伝子をもっていることがわかると，就職試験などで不利になる可能性もあります。

100％匿名化すると，データの価値はなくなる

　個人を完全に特定できないようにして有用なデータをつくることは，現状では技術的に不可能です。100％匿名化すると，データの価値がなくなってしまうのです。人工知能の応用範囲がどんどん広がっている一方で，プライバシーを技術的，法的にどう守るかという議論が現状では追いついていません。

3. 社会に進出する人工知能
セキュリティとプライバシー

プライバシーの保護が課題

数万人規模のデータを人工知能で分析すれば，病気についてさまざまな情報が得られると期待されています。しかし，データから個人が特定されて，不利益をこうむる可能性があります。

14 人工知能にどのうような 「倫理観」をもたせるべき？

事故は不可避，人工知能はどう判断？

人工知能はたんなるコンピューターのプログラムですから，倫理観をそなえていません。人工知能にどのような倫理観をもたせるべきかは，人工知能の研究開発において大きなテーマとなっています。

たとえば，人工知能をそなえた自動運転車の進路上に，人が飛びだしてきた場合を考えます。そのまま自動運転車が直進すると，飛びだしてきた人をひいてしまい，その人はほぼ100％の確率で亡くなります。一方，急ハンドルを切ると対向車線を走る車と正面衝突し，自車のドライバーと衝突相手のドライバーの2人ともが80％の確率で死亡します。自動運転車の人工知能がこのような計算結果を導きだしたとき，自動運転車はハンドルをどう操作すべきなのでしょうか。

人間の倫理観は単純ではない

もちろん正解などなく，個人によって判断が分かれるところでしょう。人間の倫理観というものは，単純なものではありません。どのような倫理観を人工知能にもたせるべきか，そして，どのような方法でもたせるべきか，議論がつづいています。

100

3. 社会に進出する人工知能
セキュリティとプライバシー

人工知能にどう判断させる？

運転中に人が飛びだしてきて，そのままひいてしまうと100％の確率で亡くなるとします。仮によけようとしても対向車とぶつかり80％の確率で2人が亡くなるとします。このようなとき，人工知能にどう判断させればよいのでしょうか。

チェスAIで対戦

チェスが好きなマッカーシー

チェスのプログラムを開発

冷戦下の1966年
ソ連の科学者が開発したチェスプログラムと対戦

結果は2分2敗だった

4. 人工知能の未来

人工知能が発展しつづけた先には，どのような未来が待っているのでしょうか。SF映画のように，人類をおびやかす存在になり得るのでしょうか。第4章では，人工知能の未来について考えます。

1 人工知能の進化を予測する①

画像認識の能力は，すでに人間にひけを取らない

　人工知能は，これからどのような能力を獲得していくのでしょうか。それを予想したものが，右のイラストです。まず，能力1に示した画像認識の能力は，ディープラーニングの登場によって，すでに人間にひけをとらない精度に達しています。

　次に人工知能が獲得する能力として，「**複数の感覚データを使って，特徴をつかむ**」ことがあげられます（能力2）。「春」と聞くと気温の上昇や花のにおいなどを想像するように，私たちは視覚情報だけでなく，複数の感覚情報を使って概念をつくりあげています。今後は人工知能も，視覚情報に温度や音などの情報を組み合わせて，抽象的な概念を理解できるようになります。

動作の概念なしには，行動計画が立てられない

　その次の段階としては，「**動作に関する概念を獲得する**」ことだといいます（能力3）。これは，「ドアを開ける」といった，自分の動作（ドアを押す）と，それがもたらす結果（ドアが奥に開く）を組み合わせた概念です。こういった概念をもてないと，「ドアを開けて，となりの部屋に行く」などの行動計画が立てられないのです。

4. 人工知能の未来

2020年代前半の人工知能

画像認識は，すでに高い精度に達しています。今後，人工知能は，複数の感覚データからものの特徴をつかんだり，動作に関する概念を獲得したりしていくと予想されています。

能力1.
画像を正確に見分けられる

能力2.
複数の感覚データを使って特徴をつかむ

能力3.
動作に関する概念を獲得する

2 人工知能の進化を予測する②

行動を通じて，抽象的な概念を獲得

　動作に関する概念を獲得し，自分で行動できるロボットが実世界でさまざまな経験を積んでいくと，「行動を通じた抽象的な概念を獲得する」（能力4）ことができます。ガラスのコップはかたいといった抽象的な概念（感覚）は，さまざまな材質のコップを実際にさわったり，落としてこわしたりすることで獲得できます。こういった感覚は，人間とともに暮らして家事や介護を行うロボットには必須です。

言葉が理解できれば，知識や常識を獲得できる

　それらのさらに先にあるのが，「言葉を理解する」能力です（能力5）。現在でも音声認識や自動翻訳などの言語に関する技術はかなり進んでいます。しかし，まだ人間と同じように言葉を理解しているわけではありません。言葉が理解できると，人工知能はインターネット上の情報などから，「知識や常識を獲得する」（能力6）ことができるようになります。

4. 人工知能の未来

2020年代後半の人工知能

人工知能は新しい能力を獲得するたびに，活躍する領域が広がっていくと考えられます。それは，より人間に近づいていくことだともいえます。

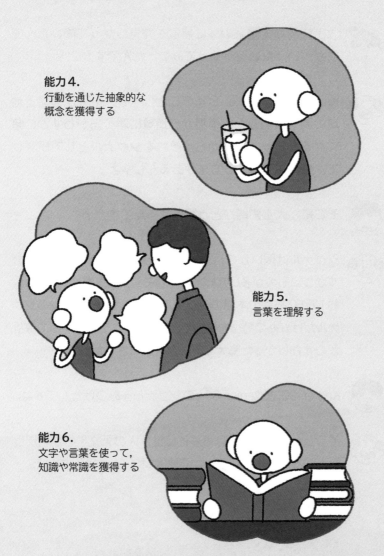

能力4.
行動を通じた抽象的な概念を獲得する

能力5.
言葉を理解する

能力6.
文字や言葉を使って，知識や常識を獲得する

> 博士！
> 教えて!!

人工知能が惑星を発見！

人工知能が太陽系の外に惑星を発見したって聞いたんですが，いったいどうやってみつけたんですか？

Kepler-90iとKepler-80gのことじゃな。惑星が恒星と地球の間を横切ると，恒星から地球に届く光がわずかに暗くなるんじゃ。じゃから，それをシグナルとして観測して，惑星を発見する方法があるんじゃよ。

そこに，人工知能がどう関係するんですか？

シグナルは弱いから，本物のシグナルかどうか，判断がむずかしいものが多いんじゃ。そこで，人工知能の出番じゃ。約1万5000個の本物のシグナルを学習させて，本物のシグナルだけがもつ特徴を抽出できるようにさせた。そして解析がむずかしかった膨大なデータを解析させたところ……。

Kepler-90iとKepler-80gのシグナルをみつけたんですね。

そうじゃ。このときは最終的には，人の天文学者が判別したんじゃ。今後もこうした発見はつづくにちがいないぞ。

3 夢の「汎用人工知能」をつくりだせ！①

現状の人工知能は、応用がきかない

　現状の人工知能には、ある限界があります。それは、特定の分野で高い能力を発揮しても、基本的にそれ以外の分野には応用がきかない（汎用的ではない）ことです。そのため、現在の人工知能は、「特化型人工知能」とよばれます。

　そこで、人間の脳全体の構造をまねた次世代の人工知能をつくろうという研究が進められています。

人間の脳は、部位ごとに機能がちがう

　人間の脳は、いくつかの部位に分かれており、ちがった機能をもっています（右のイラスト）。認識や行動にかかわるさまざまな機能をになう「大脳新皮質」や、記憶の形成に関与する「海馬」などの複数の部位がたがいに情報をやりとりしながら、脳全体として機能を発揮するのです。

　このような人間の脳全体の構造をまねることで、一つの分野に特化したものではなく、さまざまな分野の仕事を学べる「汎用人工知能」ができると考えられています。

4. 人工知能の未来

人間の脳の構造

人間の脳は，認識や行動にかかわるさまざまな機能をになう「大脳新皮質」や，記憶の形成に関与する「海馬」などの複数の部位から構成されています。それらの部位がたがいに情報をやりとりしながら，脳全体として機能しています。

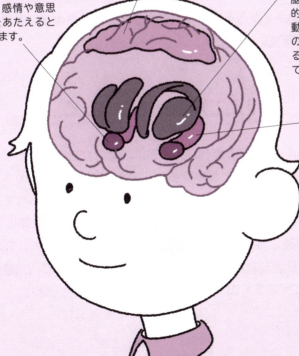

大脳新皮質
大脳の表面を広くおおう部位（イラストでは一部を色づけ）。空間認識や運動，言語といった多様な機能を，視覚野や運動野などの「領野」ごとに担当しています。

扁桃核（扁桃体）
感覚器官や感覚野からの情報を受け取り，それらを評価したうえで，ほかの脳の部位へと信号を送りだします。感情や意思決定に影響をあたえると考えられています。

大脳基底核
脳の中心部にある"原始的"な脳です。感情と運動を結びつけたり，姿勢の維持などを行ったりする役割をもつと考えられています。

海馬
記憶の生成や想起などの機能をになっていると考えられています。

4 夢の「汎用人工知能」を
つくりだせ！②

臨機応変に自分自身の設計をかえる

　最近の人工知能は，ディープラーニングなどのニューラルネットワークを使用した「モジュール」（プログラムの構成単位）を，いくつか組み合わせることでできています。問題に応じて人間がモジュールを組み合わせているので，その問題しか解けない設計になっています。それに対して，汎用人工知能は，必要に応じて複数のモジュールを自動的に組み合わせることをめざしています。臨機応変に自分自身の設計（プログラム）をかえることで，さまざまな問題を柔軟に解決できるようになるのです。

脳に学べば，汎用人工知能が実現できる

　汎用人工知能は，1950年代に人工知能の概念が登場したときから研究者が取り組もうとしたものです。以前は，汎用人工知能のつくり方と，特化型人工知能のつくり方は根本的にちがうと考えられていました。しかし最近では，脳に学んでモジュールを自動的に組み合わせる機能を組みこんでいけば，汎用人工知能が実現できると考えられるようになりました。人間と同程度の能力をもつ汎用人工知能は，2030年ごろに完成するのではないかと考える研究者もいます。

4. 人工知能の未来

脳に学ぶ汎用人工知能

人間の脳と同じように，特定の役割をになう「モジュール」を状況に応じて自動的につなぎあわせることで，多様な問題を解決できる人工知能（汎用人工知能）をつくろうとしています。

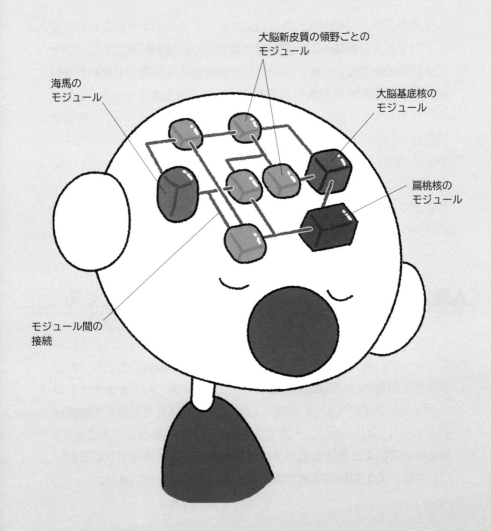

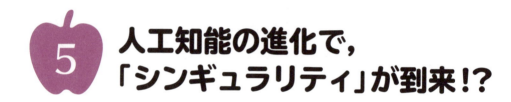

5 人工知能の進化で、「シンギュラリティ」が到来！？

ひとりでに猛烈な進化をするかもしれない

　未来の汎用人工知能は，自分自身を改良する能力を手に入れる可能性があります。すると，人工知能はひとりでに猛烈な進化をし，やがて人間の知能を追い抜き，ついには人類がその先の変化を見通せない段階にまで進化するかもしれません。この予測不能な状況を「シンギュラリティ」とよぶことがあります。シンギュラリティは，「技術的特異点」と訳されます。アメリカの人工知能研究者であるレイ・カーツワイル博士が2005年に発表した著書『シンギュラリティは近い』によって，このような考え方が知られるようになりました。カーツワイル博士は，2029年にはあらゆる分野で人工知能が人間の知能を上まわり，そして2045年にはシンギュラリティが来ると予言しています。

人間の知能を上まわる時代が，いずれやってくる

　シンギュラリティに到達するような人工知能ができるには，まだ存在していない技術や理論が必要であり，具体的な開発の方法や道筋が示されているわけではありません。そのため，あとわずか数十年でシンギュラリティがくるという説には，否定的な意見をもつ人工知能研究者も少なくありません。一方で人工知能がこのまま進化することで，あらゆる分野で人間の知能を上まわる時代がいずれやってくることについては，人工知能研究者の多くが同意しているといいます。

カーツワイル博士の予言

人工知能研究の権威で，未来学者であるカーツワイル博士が，著書『シンギュラリティは近い』で予想した未来です。2045年にシンギュラリティが来ると予言しています。

2029年
人工知能（コンピューター）があらゆる分野において，人間の能力をこえます。

2030年代
脳のニューロンを直接刺激する装置が脳に組みこまれ，仮想現実を脳に経験させることができるようになります。

脳とインターネットが接続され，インターネット上の膨大な知識を参照することができるようになります（脳の拡張）。

血球サイズの微小なロボットが人体内に入り，免疫システムを補助します。

2045年
インターネットにつながった脳と人工知能が"融合"し，人類の知能は現在の10億倍以上に拡張されます。飛躍的な知能の向上から生まれる技術や社会の変化が予測不可能になり，シンギュラリティが到来します※。

いずれ人工知能があらゆる分野で人間の知能をこえると，多くの研究者が考えているんだロボ。

※：カーツワイル博士は，脳と人工知能の融合で，シンギュラリティが到来すると予想しました。一般にいうシンギュラリティは，必ずしも脳と人工知能の融合を前提にしているわけではありません。

一番手の人工知能が，世界を支配する！？

無害な目的設定でも脅威になりうる

　人工知能が人類にもたらすものは，よい影響だけとはかぎりません。人工知能が高度に発展した際に引きおこす悲観的なシナリオとして，次の二つがあげられます。
　一つは，「Instrumental convergence（道具的収斂）」とよばれる，人工知能のある種の暴走がおきる可能性です。たとえば，大量のクリップを効率的につくるという目的が設定された人工知能を考えます。するとこの人工知能は，世界中のすべての資源を使い，人類の生存をおびやかしてでもクリップを生産しようとする可能性があります。一見無害な目的設定でも，適切な制限をもうけなければ，人工知能が脅威になりうるのです。

一番手の進化に二番手以降が追いつけない

　もう一つは，最初に開発された人工知能の開発者による世界中の富の"総どり"です。自分自身を猛烈な速さで進化させる人工知能が登場すると，その一番手の性能の進化に，二番手以降の人工知能がいつまでも追いつけない可能性があります。ある企業や国が開発した人工知能には，開発者の利益を優先する設定が行われている可能性があるため，結果的に一番手の人工知能の開発者だけが経済的利益をはじめとした多くの利益を独占する可能性があるのです。

4. 人工知能の未来

世界中の利益を独占？

自分自身を改良できる人工知能が登場すると，ほかのあらゆるコンピューターシステムとの競争に勝ち，利益を独占する可能性があります。ただし，複数の人工知能が均衡状態になる可能性も指摘されています。

一番手の人工知能

自分を改良できる人工知能が開発されると，二番手以降の人工知能は，それに追いつけない可能性があると考えられているクマ。

7 人間にしかできない 仕事はない！？

機械は眠る必要もなく，つかれもしない

人工知能の進化による大きなメリットは，「人間の労働・仕事を助けてくれる」ことです。機械は眠る必要もなく，つかれて注意力が低下することもありません。人工知能を搭載したロボットの登場によって，運転や家事，介護などにおける人間の労働の負担を軽くしてくれることが期待されます。

一方，人工知能が人間の仕事を手伝うことは，人間の仕事が奪われることにもつながります。

知的な職業でも，人工知能の方が有利

人工知能に奪われない仕事は一つもないと考える研究者は，少なくありません。未来の人工知能は，計算や情報収集など，すべての仕事に共通して使われる技術が人間を上まわるはずです。さらに，研究者などのいわゆる知的な職業であっても，人工知能のほうが有利だと考えられています。

120

4. 人工知能の未来

つかれ知らずに働きつづける

人工知能をそなえたロボットなら，眠る必要もなく，つかれて注意力が低下し，事故をおこすこともありません。人間よりも効率的で優秀な労働力として活躍しそうです。

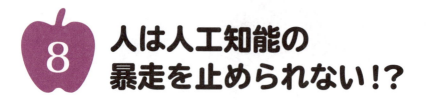

8 人は人工知能の暴走を止められない!?

人工知能の判断に人間が入りこむすきはない

　現在，株や為替などの金融取引には，すでに多くの人工知能が利用されています。その状況判断と売買の速度は1000分の1秒以下であり，人間が入りこむすきはありません。これまでも複数の人工知能が同じ金融商品を一気に売ろうとしたことで，取引価格が短時間で暴落する現象が実際におきています。超高速の人工知能の"暴走"を，人間が食い止めることは不可能なのです。

　人工知能の暴走を防げるのは，人工知能だけだと考えられています。人工知能に人工知能を監視させ，通常時とは大きくことなる動きをしそうなときに警告を出す技術の研究が行われています。

人類に役立つ人工知能であるために

　2017年1月，アメリカのカリフォルニア州アシロマに多くの人工知能の研究者が集まり，人工知能の開発に際して守るべき23の原則を発表しました。さまざまな危険性をはらんでいても，現実的には，人工知能の開発を止めることはできません。最悪のシナリオも想定しながら，開発を進めていくことが求められています。

122

人工知能を監視する人工知能

人工知能の暴走は，人間には止められないといわれています。止められるのは，同じ人工知能だけだと考えられています。人工知能に人工知能を監視させる技術の研究が進められています。

最強に面白い!! 人工知能

ディープラーニングの開発者

のちにディープラーニングを開発するジェフリー・ヒントン

1947年、昆虫学者の父と教師の母との間にロンドンで生まれる

ニューラルネットワークに興味をもち、2度にわたる人工知能の冬の時代を経験しながらも、研究をつづけた

2006年にディープラーニングの論文を発表

人工知能のレベルを一気に引き上げた

2012年画像認識のコンテストでディープラーニングを使って圧勝し、世界に衝撃をあたえた

SCIENCE COMIC NEWTON

大工からAIの道へ

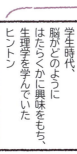

学生時代、脳がどのようにはたらくかに興味をもち、生理学を学んでいたヒントン

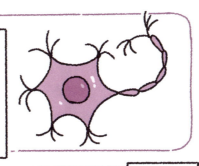

納得のいく答えが得られず、哲学や心理学も学んだ

しかし、それでも満足できなかった

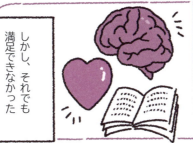

あきらめて大工の道に進むことにした

1年後、エディンバラ大学の人工知能学科の存在を知り

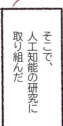

そこで、人工知能の研究に取り組んだ

Newton別冊「ゼロからわかる 人工知能」好評発売中!!

シリーズ第9弾!!

ニュートン式 超図解 最強に面白い!!

超ひも理論

2019年10月下旬発売予定　A5判・128ページ　990円（税込）

　「身のまわりの物質はすべて，極めて小さな『ひも』が集まってできている」。これが，物理学の最先端の理論である，「超ひも理論」の考え方です。

　物質をどんどん細かく分割していき，最後にたどりつくと考えられる究極に小さい粒子を，「素粒子」といいます。素粒子を直接目にした人はおらず，素粒子がどのような姿かたちをしているのかは不明です。超ひも理論とは，この素粒子が極小のひもだと考える理論なのです。

　超ひも理論によると，実はこの世界は「9次元空間」だといいます。さらに，私たちが暮らす宇宙とは別に，無数の宇宙が存在する可能性があるといいます。超ひも理論は，にわかには信じがたい，SFのような世界を予言しているのです。本書では，「超ひも理論」の不思議な考え方を，"最強に"面白く紹介します。ぜひご期待ください！

余分な知識満載だクマ！

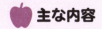 **主な内容**

世界は「ひも」でできている！

素粒子の正体は,「ひも」だった!?
ひもの振動のちがいが,素粒子のちがいを生む

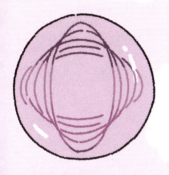

ひもの正体にせまろう！

ひもの長さは,10^{-35}メートル
超ひも理論の「超」は,「超対称性粒子」に由来

超ひも理論が予測する9次元空間

ひもは「ブレーン」という"膜"にくっついているらしい
超ひも理論は,10^{500}通りの宇宙を予測する！

超ひも理論と究極の理論

「相対性理論」と「量子論」の統合が,究極の理論の壁
人工ブラックホールが,高次元空間の証拠になる

Staff

Editorial Management	木村直之
Editorial Staff	井手 亮
Cover Design	羽田野乃花
Editorial Cooperation	株式会社 美和企画（大塚健太郎, 笹原依子）・寺田千恵・山田久美

Illustration

3~11	羽田野乃花	33~35	カサネ・治さんのイラストを元に,	45	羽田野乃花
13	富崎NORIさんと吉原成行さんの		Newton Pressが作成, 羽田野乃花	47~53	カサネ・治さんのイラストを元に,
	イラストを元に, Newton Press	37	羽田野乃花		Newton Pressが作成, 羽田野乃花
	が作成, 羽田野乃花	39~43	カサネ・治さんのイラストを元に,	54~125	羽田野乃花
14~31	羽田野乃花		Newton Pressが作成, 羽田野乃花		

監修（敬称略）：
松尾 豊（東京大学大学院工学系研究科人工物工学研究センター / 技術経営戦略学専攻教授）

本書は主に，Newton 別冊『ゼロからわかる 人工知能』の一部記事を抜粋し，
大幅に加筆・再編集したものです。

初出記事へのご協力者（敬称略）：
青木啓二（先進モビリティ株式会社代表取締役）
乾 健太郎（東北大学大学院情報科学研究科教授）
大口 敬（東京大学生産技術研究所教授）
大澤昇平（東京大学大学院情報学環特任准教授）
佐久間 淳（筑波大学大学院システム情報工学研究科教授）
荻（佐藤）多加之（福島大学研究振興課URA）
須田義大（東京大学生産技術研究所教授，東京大学モビリティ・イノベーション連携研究機構長）
中川裕志（理化学研究所革新知能統合研究センターグループディレクター）
成田憲保（自然科学研究機構アストロバイオロジーセンター特任准教授）
保木邦仁（電気通信大学情報理工学研究科准教授）
松尾 豊（東京大学大学院工学系研究科人工物工学研究センター / 技術経営戦略学専攻教授）
村川正宏（産業技術総合研究所人工知能研究戦略部総括企画主幹）
山川 宏（NPO法人全脳アーキテクチャ・イニシアティブ代表）
山田真善（国立がん研究センター中央病院内視鏡科医員）

ニュートン式 超図解 最強に面白い!!
人工知能 ディープラーニング編

2019年10月15日発行　　2021年7月20日 第2刷

発行人	高森康雄
編集人	木村直之
発行所	株式会社 ニュートンプレス　〒112-0012 東京都文京区大塚3-11-6

© Newton Press　2019　Printed in Taiwan
ISBN978-4-315-52185-6